The Great Tulip Adventure And More Bilingual Dutch-English Stories for Kids

Pomme Bilingual

Published by Pomme Bilingual, 2024.

While every precaution has been taken in the preparation of this book, the publisher assumes no responsibility for errors or omissions, or for damages resulting from the use of the information contained herein.

THE GREAT TULIP ADVENTURE AND MORE BILINGUAL DUTCH-ENGLISH STORIES FOR KIDS

First edition. December 30, 2024.

Copyright © 2024 Pomme Bilingual.

ISBN: 979-8230443711

Written by Pomme Bilingual.

Table of Contents

De Kleine Molen en de Wind

Er was eens een kleine molen genaamd Maarten, die op een groene heuvel stond, net buiten een klein Nederlands dorpje. Maarten was vroeger de trots van het dorp. Zijn wieken draaiden vrolijk in de wind, en hij maalde het graan van de boeren tot meel. Maar nu was Maarten oud en kapot. Zijn wieken hingen slap, en zijn houten planken waren verweerd door de regen en de jaren.

Elke ochtend keek Maarten naar de hemel en hoopte dat de wind hem weer zou vinden. "Als mijn wieken weer konden draaien," dacht hij, "dan zou ik weer van nut zijn."

Op een dag kwam de Wind langs, zachtjes fluitend door de bomen. Hij zag Maarten en stopte even om te kijken. "Waarom zie je er zo verdrietig uit, kleine molen?" vroeg de Wind.

"Mijn wieken kunnen niet meer draaien," zuchtte Maarten. "Ik ben oud en niemand let meer op mij."

De Wind dacht even na. "Misschien kan ik je helpen," zei hij. "Maar alleen als je bereid bent om samen te werken met anderen."

"Met anderen?" vroeg Maarten verbaasd. "Maar ik ben gewoon een molen. Wie zou mij willen helpen?"

De volgende dag riep de Wind de mensen uit het dorp bijeen. Hij fluisterde door de ramen en ritselde in de bomen tot iedereen zijn stem hoorde. "De kleine molen op de heuvel heeft hulp nodig," zei hij. "Zouden jullie hem willen helpen?"

De dorpsbewoners keken elkaar aan. "De molen was altijd zo belangrijk voor ons," zei een oude boer. "We moeten iets doen."

En dus begonnen ze. De timmerman bracht nieuw hout om de planken te vervangen. De smid maakte nieuwe bouten en spijkers. De kinderen van het dorp hielpen door oude verf te schuren en de molen opnieuw te schilderen. Zelfs de bakker bracht brood en koekjes voor de harde werkers.

Maarten voelde zich voor het eerst in jaren weer levendig. "Dank jullie wel," zei hij tegen de dorpsbewoners. "Ik had nooit gedacht dat zoveel mensen om mij gaven."

De Wind kwam terug toen de wieken eindelijk gerepareerd waren. "Ben je klaar, kleine molen?" vroeg hij.

"Ja!" zei Maarten vol enthousiasme.

De Wind blies zachtjes, en langzaam begonnen Maartens wieken te draaien. Eerst heel langzaam, en toen sneller en sneller. Maarten voelde zich weer jong en sterk. De dorpsbewoners juichten terwijl het meel weer uit de molen kwam.

Vanaf die dag draaide Maarten elke keer dat de Wind langs kwam. Hij maalde het graan van de boeren en bracht het dorp weer samen. Maarten had geleerd dat zelfs als je oud en gebroken bent, je met een beetje hulp van anderen weer een doel kunt vinden.

De Wind glimlachte terwijl hij verder trok. "Zie je, kleine molen," fluisterde hij. "Soms hebben we anderen nodig om onze dromen weer te laten draaien."

The Little Mill and the Wind

———

Once upon a time, there was a small windmill named Maarten, standing on a green hill just outside a small Dutch village. Maarten had once been the pride of the village. His sails would spin cheerfully in the wind, and he ground the farmers' grain into flour. But now, Maarten was old and broken. His sails hung limp, and his wooden boards were weathered by the rain and the years.

Every morning, Maarten would look at the sky and hope that the wind would find him again. "If only my sails could spin again," he thought, "then I would be useful once more."

One day, the Wind came along, gently whistling through the trees. He saw Maarten and stopped for a moment to look. "Why do you look so sad, little windmill?" asked the Wind.

"My sails can't spin anymore," sighed Maarten. "I'm old, and no one pays attention to me anymore."

The Wind thought for a moment. "Perhaps I can help you," he said. "But only if you're willing to work with others."

"With others?" asked Maarten, surprised. "But I'm just a windmill. Who would want to help me?"

The next day, the Wind gathered the people of the village. He whispered through the windows and rustled in the trees until everyone heard his voice. "The little windmill on the hill needs help," he said. "Would you be willing to help him?"

The villagers looked at each other. "The windmill was always so important to us," said an old farmer. "We must do something."

And so they began. The carpenter brought new wood to replace the boards. The blacksmith made new bolts and nails. The children of the village helped by sanding down old paint and repainting the windmill. Even the baker brought bread and cookies for the hardworking people.

For the first time in years, Maarten felt alive again. "Thank you all," he said to the villagers. "I never thought so many people cared about me."

The Wind returned when the sails were finally repaired. "Are you ready, little windmill?" he asked.

"Yes!" said Maarten, full of excitement.

The Wind blew gently, and slowly, Maarten's sails began to turn. First slowly, then faster and faster. Maarten felt young and strong again. The villagers cheered as the flour started to flow out of the windmill.

From that day on, Maarten would turn every time the Wind passed by. He ground the farmers' grain and brought the village together once more. Maarten had learned that even when you're old and broken, with a little help from others, you can find purpose again.

The Wind smiled as he continued on his way. "See, little windmill," he whispered. "Sometimes we need others to make our dreams spin again."

Joris en de Gekke Kaasmarkt

Joris was een jongen met een neus voor avontuur. Hij woonde in een klein dorpje vlak bij Alkmaar, beroemd om zijn kaasmarkt. Elke vrijdagmorgen kon je de vrolijke stemmen van de kaasdragers horen en het gezellige geroezemoes van de marktgangers.

"Vandaag ga ik het grote geheim van de kaasmarkt ontdekken," zei Joris vastberaden tegen zichzelf. Niemand wist precies hoe het eraan toe ging achter de schermen, en Joris was ervan overtuigd dat er iets bijzonders gebeurde.

Met een stuk brood in zijn zak en zijn geliefde pet op zijn hoofd stapte hij die ochtend naar Alkmaar.

De markt was een explosie van kleuren en geuren. Overal lagen grote, ronde kazen opgestapeld als goudgele bergtoppen. Kaasdragers in witte pakken en hoeden droegen kazen op speciale houten berrieën. Mensen lachten en riepen prijzen naar elkaar.

Joris keek zijn ogen uit. Hij liep dichterbij en zag een van de kaasdragers een hele kaas aan iemand overhandigen. Maar wat was dat? De kaas leek te bewegen! Joris knipperde met zijn ogen. Nee, het was vast een truc van de zon.

Hij sloop dichterbij en verstopte zich achter een grote stapel kazen. Plotseling hoorde hij een zachte stem:

"Help! Laat me eruit!"

Joris keek om zich heen. Wie had dat gezegd? Hij keek naar de kaasstapel. "Nee, dat kan niet waar zijn," fluisterde hij. Maar toen hoorde hij het weer:

"Je staat op mijn voet!"

Joris sprong achteruit en zag tot zijn verbazing dat een van de kazen een gezicht had! De kaas keek hem boos aan.

"Wat staar je nou? Help me, ik moet hier weg!" riep de kaas.

"Maar... jij bent een kaas!" stamelde Joris.

"Dat weet ik ook wel," zei de kaas ongeduldig. "Maar ik ben niet zomaar een kaas. Ik ben de Koning van de Kaas, en ik wil niet verkocht worden. Help me ontsnappen!"

Joris kon het niet geloven, maar hij hield wel van een avontuur. "Goed," zei hij, "ik help je. Maar wat moet ik doen?"

Joris pakte de kaas op en keek om zich heen. Hij moest onopgemerkt blijven, maar de kaas was zwaar en glad. Terwijl hij snel naar een steegje probeerde te rennen, gleed de kaas uit zijn handen.

"Waaaaaah!" schreeuwde de kaas terwijl hij over de stenen weg begon te rollen. De kaas rolde sneller en sneller, en Joris rende erachteraan.

"Stop die kaas!" riep iemand.

"Mama, kijk, een vliegende kaas!" gilde een kind.

De kaas botste tegen een stapel kazen, die alle kanten op vlogen. Mensen sprongen opzij, terwijl een andere kaas precies in de armen van een verbaasde toerist landde. Het was een complete chaos.

De Koning van de Kaas rolde recht op het kanaal af. "Nee, niet in het water!" riep Joris. Hij rende zo snel als hij kon en sprong net op tijd om de kaas te grijpen. Samen belandden ze in een groot hooiwagen, verborgen onder een deken van stro.

"Poeh!" zei de kaas. "Dat was op het nippertje. Dank je, jongen."

Joris lachte. "Het was niets. Maar wat nu? Waar ga je heen?"

"Ergens waar geen mensen me opeten," zei de kaas. "Misschien naar Zwitserland, daar waarderen ze een goede kaas. Wil je mee?"

Joris dacht even na. Een leven vol avontuur met een pratende kaas? Waarom niet?

En zo verlieten Joris en de Koning van de Kaas die dag Alkmaar, op weg naar een wereld vol nieuwe avonturen. Achter hen hoorde je nog steeds het geroezemoes van de kaasmarkt, waar mensen zich afvroegen hoe het mogelijk was dat er zoveel kazen verdwenen waren.

Maar Joris keek niet om. Hij had zijn nieuwe vriend, en samen zouden ze nog vele verhalen beleven.

Joris and the Crazy Cheese Market

Joris was a boy with a nose for adventure. He lived in a small village near Alkmaar, famous for its cheese market. Every Friday morning, you could hear the cheerful voices of the cheese carriers and the lively buzz of the market-goers.

"Today, I'm going to discover the big secret of the cheese market," Joris said determinedly to himself. No one knew exactly what went on behind the scenes, and Joris was sure that something special was happening.

With a piece of bread in his pocket and his beloved cap on his head, he set off towards Alkmaar that morning.

The market was an explosion of colors and smells. Everywhere you looked, large round cheeses were stacked up like golden mountain tops. Cheese carriers in white suits and hats carried cheeses on special wooden barrows. People laughed and shouted prices at each other.

Joris couldn't believe his eyes. He moved closer and saw one of the cheese carriers hand a whole cheese to someone. But what was that? The cheese seemed to move! Joris blinked his eyes. No, it must have been a trick of the sun.

He crept closer and hid behind a large pile of cheeses. Suddenly, he heard a soft voice: "Help! Let me out!"

Joris looked around. Who had said that? He looked at the pile of cheeses. "No, that can't be true," he whispered. But then he heard it again: "You're standing on my foot!"

Joris jumped back and was astonished to see that one of the cheeses had a face! The cheese looked at him angrily. "What are you staring at? Help me, I need to get out of here!" shouted the cheese.

"But... you're a cheese!" stammered Joris.

"I know that!" said the cheese impatiently. "But I'm not just any cheese. I'm the King of Cheese, and I don't want to be sold. Help me escape!"

Joris couldn't believe it, but he loved an adventure. "Okay," he said, "I'll help you. But what do I need to do?"

Joris picked up the cheese and looked around. He had to remain unnoticed, but the cheese was heavy and slippery. As he tried to run quickly to an alley, the cheese slipped from his hands.

"Waaaaaah!" screamed the cheese as it began to roll across the cobblestone street. The cheese rolled faster and faster, and Joris ran after it.

"Stop that cheese!" shouted someone.

"Mom, look, a flying cheese!" screamed a child.

The cheese bumped into a stack of other cheeses, which flew in all directions. People jumped aside as another cheese landed right into the arms of a surprised tourist. It was complete chaos.

The King of Cheese rolled straight toward the canal. "No, not into the water!" cried Joris. He ran as fast as he could and jumped just in time to grab the cheese. Together, they landed in a large hay wagon, hidden under a blanket of straw.

"Phew!" said the cheese. "That was close. Thank you, boy."

Joris laughed. "It was nothing. But now what? Where are you going?"

"Somewhere where no one will eat me," said the cheese. "Maybe Switzerland, they appreciate good cheese there. Want to come with me?"

Joris thought for a moment. A life full of adventure with a talking cheese? Why not?

And so, Joris and the King of Cheese left Alkmaar that day, heading toward a world full of new adventures. Behind them, you could still hear the chatter of the cheese market, where people wondered how it was possible that so many cheeses had disappeared.

But Joris didn't look back. He had his new friend, and together they would have many more stories to tell.

Mevrouw Bloem en Haar Pratende Kat

Mevrouw Bloem was een vriendelijke, ietwat excentrieke dame die in een klein dorpje woonde. Ze droeg altijd een paarse hoed en een gele jas, en ze had een tuin vol bloemen die in alle kleuren van de regenboog bloeiden. Maar het meest bijzondere aan Mevrouw Bloem was haar kat, Max. Max was een dikke, grijze kater die graag urenlang op de vensterbank lag te slapen.

"Ach, Max," zei Mevrouw Bloem vaak terwijl ze een kop thee inschonk, "als jij kon praten, zouden we geweldige gesprekken hebben."

Maar Mevrouw Bloem had nooit verwacht dat dit daadwerkelijk zou gebeuren.

Op een zonnige ochtend zat Mevrouw Bloem in haar tuin toen ze hoorde:

"Mevrouw Bloem, kunt u me alsjeblieft wat melk geven?"

Ze keek verbaasd om zich heen. Niemand was in de buurt.

"Hier beneden, bij uw voeten," zei de stem weer.

Mevrouw Bloem keek naar Max, die haar rustig aankeek. Zijn mond bewoog niet, maar het was duidelijk dat hij degene was die sprak.

"Max!" riep ze. "Kun jij... praten?"

"Blijkbaar wel," zei Max nonchalant terwijl hij zich uitrekte. "Nu, over die melk..."

Na de eerste schok raakte Mevrouw Bloem gewend aan het idee dat haar kat kon praten. Ze begonnen lange gesprekken te voeren over van alles en nog wat. Maar hun rustige leventje veranderde toen er iets vreemds gebeurde in het dorp.

"Ik snap er niets van," zei de bakker, meneer Koren, terwijl hij zijn handen in de lucht wierp. "Mijn hele voorraad rozijnenbrood is verdwenen!"

Niet lang daarna klaagde de kruidenier, mevrouw Peper, dat al haar appels spoorloos waren. En toen ontdekte meneer Zout, de visboer, dat zijn hele voorraad haring weg was.

"Dit is een mysterie!" zei Mevrouw Bloem. "Maar wie kan zoiets doen?"

Max zat op de tafel en likte zijn poot. "Ik ruik een avontuur," zei hij. "Laten we het onderzoeken."

Met Max op haar schouder begon Mevrouw Bloem door het dorp te wandelen. Max had een uitstekende neus voor problemen en snuffelde overal aan. Ze gingen naar de bakkerij, de kruidenierswinkel en de visboer.

"Het is altijd hetzelfde patroon," zei Max. "De dief is slim, maar hij laat een spoor van broodkruimels en visgraten achter."

Mevrouw Bloem keek verbaasd. "Max, jij bent briljant! Maar waar leidt het spoor naartoe?"

"Volg mij," zei Max en sprong van haar schouder.

Het spoor leidde hen naar het park aan de rand van het dorp. Daar, onder een grote eik, vonden ze een geheime schuilplaats. Binnen zaten een groepje kraaien te smullen van brood, appels en vis.

"Dat verklaart alles!" riep Mevrouw Bloem. "De kraaien zijn de dieven!"

De kraaien keken geschrokken op toen Max begon te praten. "Luister, vrienden," zei hij streng. "Wat jullie doen is niet eerlijk. Die spullen zijn niet van jullie!"

De grootste kraai, die een stuk brood in zijn snavel hield, piepte. "Maar we hebben honger!"

Mevrouw Bloem dacht even na. "Als jullie beloven dat jullie niets meer stelen, zal ik jullie elke dag iets te eten brengen uit mijn tuin. Maar jullie moeten wel samenwerken met de dorpsbewoners."

De kraaien kwetterden enthousiast en beloofden hun gedrag te verbeteren. Max keek tevreden toe. "Dat heb je goed gedaan, Mevrouw Bloem. Samenwerken is altijd de beste oplossing."

Vanaf die dag waren de kraaien geen dieven meer, en Mevrouw Bloem bracht hen elke ochtend wat lekkers. Het dorp was blij dat het mysterie opgelost was, en Mevrouw Bloem en Max waren lokale helden.

"Wie had gedacht dat mijn pratende kat de dag zou redden?" zei Mevrouw Bloem terwijl ze Max een schoteltje melk gaf.

"Ach," zei Max terwijl hij tevreden spinde, "het is gewoon wat ik doe."

En zo leefden Mevrouw Bloem en Max nog lang en gelukkig, altijd klaar voor een nieuw avontuur.

Mrs. Bloem and Her Talking Cat

Mrs. Bloem was a kind, somewhat eccentric lady who lived in a small village. She always wore a purple hat and a yellow coat, and she had a garden full of flowers that bloomed in every color of the rainbow. But the most special thing about Mrs. Bloem was her cat, Max. Max was a fat, gray cat who loved to lie on the windowsill and sleep for hours.

"Oh, Max," Mrs. Bloem often said while pouring herself a cup of tea, "if only you could talk, we'd have amazing conversations."

But Mrs. Bloem never expected that this would actually happen.

One sunny morning, Mrs. Bloem was sitting in her garden when she heard:

"Mrs. Bloem, could you please give me some milk?"

She looked around in surprise. No one was nearby.

"Down here, at your feet," the voice said again.

Mrs. Bloem looked at Max, who was calmly staring at her. His mouth didn't move, but it was clear he was the one speaking.

"Max!" she exclaimed. "Can you... talk?"

"Apparently, yes," Max said nonchalantly as he stretched. "Now, about that milk..."

After the initial shock, Mrs. Bloem got used to the idea that her cat could talk. They started having long conversations about all sorts of things. But their quiet life changed when something strange happened in the village.

"I don't understand," said the baker, Mr. Koren, throwing his hands in the air. "All my raisin bread is gone!"

Not long after, the grocer, Mrs. Peper, complained that all her apples had disappeared. And then Mr. Zout, the fishmonger, discovered that his entire stock of herring was missing.

"This is a mystery!" said Mrs. Bloem. "But who could do such a thing?"

Max was sitting on the table, licking his paw. "I smell an adventure," he said. "Let's investigate."

With Max on her shoulder, Mrs. Bloem began walking through the village. Max had an excellent nose for problems and sniffed around everywhere. They went to the bakery, the grocery store, and the fishmonger.

"It's always the same pattern," said Max. "The thief is clever, but they leave a trail of breadcrumbs and fish bones behind."

Mrs. Bloem looked surprised. "Max, you're brilliant! But where does the trail lead?"

"Follow me," said Max as he jumped off her shoulder.

The trail led them to the park at the edge of the village. There, under a large oak tree, they found a secret hideout. Inside, a group of crows were feasting on bread, apples, and fish.

"That explains everything!" exclaimed Mrs. Bloem. "The crows are the thieves!"

The crows looked up in shock when Max began to speak. "Listen, friends," he said sternly. "What you're doing isn't fair. Those things aren't yours!"

The largest crow, holding a piece of bread in its beak, squawked. "But we're hungry!"

Mrs. Bloem thought for a moment. "If you promise not to steal anymore, I'll bring you something to eat from my garden every day. But you must cooperate with the villagers."

The crows chirped excitedly and promised to improve their behavior. Max watched contentedly. "Well done, Mrs. Bloem. Cooperation is always the best solution."

From that day on, the crows were no longer thieves, and Mrs. Bloem brought them a treat every morning. The village was happy that the mystery had been solved, and Mrs. Bloem and Max were local heroes.

"Who would have thought my talking cat would save the day?" said Mrs. Bloem as she gave Max a bowl of milk.

"Oh," said Max as he purred contentedly, "it's just what I do."

And so, Mrs. Bloem and Max lived happily ever after, always ready for a new adventure.

Het Zingende Bos

———

Er was eens een magisch bos, niet ver van het dorp waar Annelies woonde. Het bos was anders dan alle andere bossen, want de bomen konden zingen. Elke ochtend wanneer de zon opkwam, vulden de luchtige bladeren de wereld met liedjes in het Nederlands.

De dorpelingen noemden het bos *Het Zingende Bos*. Sommigen vonden het prachtig, terwijl anderen het maar vreemd vonden. Maar voor Annelies was het haar favoriete plek op aarde.

Annelies hield ervan om naar het bos te gaan, vooral in de vroege ochtend. Ze ging zitten onder de oude eik, haar favoriete boom, en luisterde naar de melodieën die de wind meebracht.

"Luister, luister, naar mijn lied,

De zon is warm, vergeet me niet!"

De bomen zongen in harmonie, en Annelies voelde zich altijd gelukkig als ze hun stemmen hoorde. Soms probeerde ze mee te zingen, en tot haar verbazing leek het alsof de bomen naar haar stem luisterden en erop reageerden.

Op een dag hoorde Annelies haar ouders praten.

"Heb je het gehoord?" zei haar moeder bezorgd. "Ze willen het bos kappen om plaats te maken voor een fabriek!"

"Maar dat kunnen ze toch niet doen?" antwoordde haar vader. "Het bos is een wonder!"

Annelies' hart begon sneller te kloppen. Het idee dat het zingende bos zou verdwijnen, was ondenkbaar. Ze rende naar haar kamer en dacht na. Ze moest iets doen.

Die middag ging Annelies naar het bos. Ze ging onder de oude eik zitten en begon te praten. "Lieve bomen," zei ze, "ze willen jullie omhakken! Wat kunnen we doen?"

De eik schudde zijn bladeren zachtjes en begon een nieuw lied te zingen:

"Lieve Annelies, zing met ons mee,

Help ons geluid te laten horen, oh wee!"

Annelies begreep het meteen. Ze moest de liedjes van het bos leren en aan de dorpelingen laten horen. Als iedereen het wonder van het bos kon horen, zouden ze het vast willen beschermen.

De volgende dagen bracht Annelies elke vrije minuut in het bos door. De bomen zongen hun liedjes voor haar, en ze herhaalde ze keer op keer totdat ze de melodieën en woorden uit haar hoofd kende.

"Kom bij ons staan, samen sterk,

Het bos is leven, ons mooiste werk!"

Annelies zong mee met een stem zo helder als de ochtendlucht. De vogels floten in harmonie, en zelfs de konijntjes stopten met springen om te luisteren.

Toen de dag kwam dat de houthakkers naar het bos zouden komen, stond Annelies klaar. Ze ging naar het dorpsplein en riep:

"Kom allemaal! Ik wil jullie iets laten horen!"

De dorpelingen kwamen nieuwsgierig bijeen. Annelies begon te zingen, en haar stem vulde de lucht met de liedjes van het bos:

"Het bos, het bos, vol magie en pracht,

Luister naar ons lied, dag en nacht!"

Langzaam maar zeker kwamen de dorpelingen dichterbij. Ze hoorden de woorden en voelden de kracht van de muziek. Zelfs de houthakkers, die al klaarstonden met hun bijlen, stopten om te luisteren.

Net toen Annelies haar laatste lied zong, gebeurde er iets magisch. De wind begon te waaien en bracht de stemmen van de bomen naar het dorpsplein. Het leek alsof het hele bos meezong.

De houthakkers lieten hun bijlen vallen en schudden hun hoofden. "We kunnen dit niet doen," zei een van hen. "Dit bos is te bijzonder."

De burgemeester, die ook naar Annelies had geluisterd, stapte naar voren. "Het bos blijft!" zei hij plechtig. "Het is een schat die we moeten koesteren."

Vanaf die dag kwamen de dorpelingen naar het bos om te luisteren naar de liedjes. Annelies werd de *beschermster van het bos* genoemd, en ze bleef zingen, samen met de bomen.

Het bos werd nooit gekapt, en de liedjes klonken sterker dan ooit. En zo leefden Annelies en het zingende bos nog lang en gelukkig, in harmonie met elkaar en de wereld.

The Singing Forest

Once upon a time, there was a magical forest not far from the village where Annelies lived. The forest was unlike any other, for the trees could sing. Every morning when the sun rose, the airy leaves filled the world with songs in Dutch.

The villagers called it *The Singing Forest*. Some found it beautiful, while others thought it rather strange. But for Annelies, it was her favorite place on earth.

Annelies loved going to the forest, especially early in the morning. She would sit under the old oak tree, her favorite tree, and listen to the melodies carried by the wind.

"Listen, listen, to my song,

The sun is warm, don't forget me!"

The trees sang in harmony, and Annelies always felt happy when she heard their voices. Sometimes, she tried to sing along, and to her surprise, it seemed like the trees listened to her voice and responded.

One day, Annelies overheard her parents talking.

"Have you heard?" her mother said worriedly. "They want to chop down the forest to make room for a factory!"

"But they can't do that!" her father replied. "The forest is a wonder!"

Annelies' heart began to race. The thought that the singing forest could disappear was unthinkable. She ran to her room and thought hard. She had to do something.

That afternoon, Annelies went to the forest. She sat under the old oak tree and began to speak. "Dear trees," she said, "they want to chop you down! What can we do?"

The oak gently shook its leaves and began to sing a new song:

"Dear Annelies, sing with us,

Help our voices be heard, oh, what a fuss!"

Annelies understood immediately. She had to learn the songs of the forest and share them with the villagers. If everyone could hear the wonder of the forest, they would surely want to protect it.

In the following days, Annelies spent every free minute in the forest. The trees sang their songs for her, and she repeated them over and over until she knew the melodies and words by heart.

"Come stand with us, together strong,

The forest is life, our greatest song!"

Annelies sang along with a voice as clear as the morning sky. The birds chirped in harmony, and even the little rabbits stopped hopping to listen.

When the day came for the loggers to enter the forest, Annelies was ready. She went to the village square and called out:

"Come everyone! I want to show you something!"

The villagers gathered curiously. Annelies began to sing, and her voice filled the air with the songs of the forest:

"The forest, the forest, full of magic and grace,

Listen to our song, day and night, in this place!"

Little by little, the villagers moved closer. They heard the words and felt the power of the music. Even the loggers, who had been standing ready with their axes, stopped to listen.

Just as Annelies sang her last song, something magical happened. The wind began to blow, carrying the voices of the trees to the village square. It seemed as if the entire forest was singing along.

The loggers dropped their axes and shook their heads. "We can't do this," one of them said. "This forest is too special."

The mayor, who had also been listening to Annelies, stepped forward. "The forest stays!" he declared solemnly. "It is a treasure we must cherish."

From that day on, the villagers came to the forest to listen to the songs. Annelies was called the *Guardian of the Forest*, and she continued to sing, alongside the trees.

The forest was never cut down, and the songs grew stronger than ever. And so, Annelies and the singing forest lived happily ever after, in harmony with each other and the world.

De Avonturen van Bas en de Boot

Bas was een jongen van tien jaar die in een klein dorpje in Nederland woonde, niet ver van de rivier. Hij bracht zijn dagen door met fietsen door de velden, vissen langs de oevers en dromen over grote avonturen. Maar Bas had nooit verwacht dat zijn grootste avontuur zou beginnen met een oude, verlaten boot.

Op een zonnige middag was Bas op zijn favoriete plek aan de rivier aan het spelen. Terwijl hij een steen in het water gooide, zag hij iets vreemds in de struiken. Nieuwsgierig liep hij ernaartoe en ontdekte een oude, verweerde boot. Het hout was groen uitgeslagen van de algen, en er groeiden kleine plantjes tussen de planken.

"Wat doe jij hier, oude vriend?" mompelde Bas terwijl hij over de rand van de boot streek. Tot zijn verbazing leek de boot in perfecte staat te zijn, ondanks zijn leeftijd.

Bas keek om zich heen. Niemand was in de buurt. Een idee begon zich in zijn hoofd te vormen.

De volgende dagen bracht Bas al zijn tijd door bij de boot. Hij schrobde de algen weg, repareerde een losse plank en vond zelfs een oude peddel in de schuur van zijn opa. Toen de boot er eindelijk klaar uitzag, schilderde hij de naam *De Dromer* op de zijkant.

Op een vroege ochtend, met een rugzak vol broodjes en appels, duwde Bas de boot het water in. Zijn avontuur begon.

De boot gleed stil door de smalle kanalen. De waterlelies wiegden zachtjes op de golven, en de vogels zongen hun liedjes in de bomen langs de oevers. Bas voelde zich alsof hij in een andere wereld was beland.

"Waar zal deze rivier me heenbrengen?" vroeg hij zichzelf hardop. Hij peddelde verder en verder, totdat hij een kleine, verborgen zijtak ontdekte. De tak was bijna verstopt door overhangende wilgen. Nieuwsgierig besloot hij het smalle pad te volgen.

Aan het einde van de zijtak kwam Bas bij een oude molen die half in het water stond. Het gebouw leek verlaten, maar de deuren stonden op een kier. Bas trok de boot aan wal en stapte voorzichtig naar binnen.

Binnen vond hij een kamer vol oude spullen: houten kisten, een stoffige wereldbol en een stapel vergeelde brieven. In één van de kisten vond hij een metalen doosje met een inscriptie: *Voor de toekomst.*

Hij opende het doosje en vond een klein zakje met gouden munten, een oude kaart en een brief. De brief was geschreven door een man genaamd Hendrik, die in de 18e eeuw had geleefd. Hendrik schreef over een geheimzinnige schat die hij verborgen had voor zijn familie, en de kaart leidde naar de plek waar deze verstopt was.

Met de kaart in zijn hand sprong Bas terug in zijn boot. De kaart leidde hem verder de kanalen in, langs oude bruggen en onder donkere tunnels door. Onderweg ontmoette hij een visser die hem een vers gevangen snoek cadeau gaf en een boerin die hem een kan melk gaf.

"Waar ga je heen, jongen?" vroegen ze.

"Op zoek naar een schat!" zei Bas trots, en iedereen wenste hem geluk.

Na een lange dag peddelen bereikte Bas een open veld waar de rivier breed en rustig was. Volgens de kaart moest de schat hier ergens zijn. Hij sprong uit de boot en begon te graven onder een oude eik.

Na een tijdje stuitte zijn schep op iets hards. Hij groef verder en haalde een zware kist tevoorschijn. Hij opende het deksel en vond een verzameling gouden munten, juwelen en oude documenten.

Bas wist meteen dat dit niet zomaar een schat was. De documenten beschreven het leven van Hendrik en de geschiedenis van het dorp. Hij besloot alles terug te brengen naar het dorp om het met iedereen te delen.

Maar het beste van alles was dat Bas nooit meer hoefde te dromen over avonturen – hij leefde ze nu. En zijn boot, *De Dromer*, stond altijd klaar voor het volgende grote avontuur.

The Adventures of Bas and the Boat

Bas was a ten-year-old boy who lived in a small village in the Netherlands, not far from the river. He spent his days cycling through the fields, fishing along the banks, and dreaming of great adventures. But Bas never expected that his biggest adventure would begin with an old, abandoned boat.

On a sunny afternoon, Bas was playing at his favorite spot by the river. As he threw a stone into the water, he noticed something strange in the bushes. Curious, he walked over and discovered an old, weathered boat. The wood was green with algae, and little plants grew between the planks.

"What are you doing here, old friend?" muttered Bas as he stroked the edge of the boat. To his surprise, the boat seemed to be in perfect condition despite its age.

Bas looked around. There was no one nearby. An idea began to form in his mind.

In the following days, Bas spent all his time by the boat. He scrubbed away the algae, repaired a loose plank, and even found an old paddle in his grandfather's shed. When the boat finally looked ready, he painted the name *The Dreamer* on the side.

One early morning, with a backpack full of sandwiches and apples, Bas pushed the boat into the water. His adventure had begun.

The boat glided silently through the narrow canals. The water lilies swayed gently on the waves, and the birds sang their songs in the trees along the banks. Bas felt as if he had entered another world.

"Where will this river take me?" he wondered aloud. He paddled further and further until he discovered a small, hidden side branch. The path was nearly obscured by overhanging willows. Curious, he decided to follow the narrow trail.

At the end of the side branch, Bas came upon an old mill standing half in the water. The building seemed abandoned, but the doors were slightly ajar. Bas pulled the boat ashore and cautiously stepped inside.

Inside, he found a room full of old items: wooden crates, a dusty globe and a stack of yellowed letters. In one of the crates, he found a metal box with an inscription: *For the Future.*

He opened the box and found a small pouch with gold coins, an old map and a letter. The letter was written by a man named Hendrik, who had lived in the 18th century. Hendrik wrote about a mysterious treasure he had hidden from his family, and the map led to the place where it was buried.

With the map in his hand, Bas jumped back into his boat. The map led him further down the canals, past old bridges and through dark tunnels. Along the way, he met a fisherman who gave him a freshly caught pike and a farmer who gave him a jug of milk.

"Where are you headed, boy?" they asked.

"Looking for treasure!" Bas said proudly, and everyone wished him luck.

After a long day of paddling, Bas reached an open field where the river was wide and calm. According to the map, the treasure should be somewhere here. He jumped out of the boat and began to dig under an old oak tree.

After a while, his shovel hit something hard. He dug deeper and unearthed a heavy chest. He opened the lid and found a collection of gold coins, jewels, and old documents.

Bas knew immediately that this wasn't just any treasure. The documents described Hendrik's life and the history of the village. He decided to bring everything back to the village to share it with everyone.

But the best part of all was that Bas no longer had to dream about adventures – he was living them now. And his boat, *The Dreamer*, was always ready for the next great adventure.

Liselot en de Regenboogvis

Liselot zat op een zonnige middag aan de rand van het IJsselmeer. Haar blote voeten bungelden boven het water, terwijl ze met een stok kleine cirkels maakte in de golven. Ze zuchtte diep. Vroeger hield ze van zwemmen, maar sinds het ongeluk vorig jaar durfde ze het niet meer. Ze kon de angstige momenten niet vergeten toen ze te diep ging en bijna niet meer bovenkwam. Sindsdien bleef ze liever op het droge, zelfs op warme zomerdagen.

Ze keek naar de horizon, waar de lucht een zachte blauwe kleur had. Plotseling zag ze iets glinsteren in het water, een felgekleurde flits die haar aandacht trok. "Wat is dat?" mompelde ze en boog zich naar voren om beter te kijken.

Uit de golven dook een vis op, maar niet zomaar een vis. Zijn schubben schitterden in alle kleuren van de regenboog. Het leek wel alsof hij licht gaf. De vis keek haar aan met grote, vriendelijke ogen.

"Hallo," zei de vis, tot grote verbazing van Liselot.

"H-hallo?" stamelde ze. "Kun jij praten?"

"Dat zie je toch?" antwoordde de vis met een knipoog. "Mijn naam is Aurora. En wie ben jij?"

"Ik... ik ben Liselot," zei ze aarzelend. "Maar hoe kan het dat je praat? En waarom zie je er zo bijzonder uit?"

Aurora glimlachte. "Ik ben een Regenboogvis, een magische vis. Wij verschijnen alleen aan mensen die onze hulp nodig hebben. En jij lijkt wel iemand die een duwtje in de rug kan gebruiken."

Liselot keek verbaasd. "Hoe bedoel je?"

"Je houdt van het water, maar je bent bang geworden," zei Aurora zacht. "Ik ben hier om je te helpen die angst te overwinnen."

Aurora zwom dichter naar de rand. "Kom," zei hij, "steek je hand in het water. Voel hoe het jou omarmt. Het water wil je geen kwaad doen."

Liselot aarzelde, maar de vriendelijke blik van Aurora gaf haar moed. Voorzichtig liet ze haar hand zakken en voelde het koele water haar vingers omspoelen. Het was rustgevend, niet bedreigend zoals ze had gedacht.

"Goed zo," moedigde Aurora haar aan. "Nu een stap verder. Ga staan en laat je voeten in het water zakken."

Liselot slikte, maar deed wat hij vroeg. De golven kietelden haar tenen, en een klein glimlachje verscheen op haar gezicht.

"Ben je klaar voor een echt avontuur?" vroeg Aurora plotseling.

"Een avontuur?" herhaalde Liselot.

"Ja," zei Aurora. "Klim op mijn rug, en ik laat je de verborgen wereld van het IJsselmeer zien."

Liselot keek naar de regenboogkleurige vis en twijfelde. Maar ergens diep vanbinnen voelde ze een sprankje moed opborrelen. Ze knikte en stapte voorzichtig in het water. Aurora zwom naar haar toe, en ze klampte zich vast aan zijn gladde schubben.

Met een soepele beweging dook Aurora onder water, en Liselot hield haar adem in. Maar wat ze zag, nam al haar angst weg. Onder het oppervlak schitterde een magische wereld. Ze zwommen langs kleurrijke waterplanten, glinsterende schelpen en scholen visjes die nieuwsgierig om hen heen dartelden.

Aurora leidde haar naar een plek waar het water kristalhelder was en de zonnestralen dansende patronen op de bodem maakten. "Dit is jouw thuis, Liselot," zei hij. "Het water is een deel van jou, en het zal je nooit verlaten."

Na een tijdje stopte Aurora bij een diepe, rustige plek. "Nu is het jouw beurt," zei hij. "Ik wil dat je loslaat en zelf zwemt."

Liselot voelde hoe haar hart sneller begon te kloppen. "Ik weet niet of ik dat kan," zei ze aarzelend.

"Je kunt het wel," zei Aurora vastberaden. "Ik ben hier, en ik zal je opvangen als het nodig is. Vertrouw op jezelf."

Liselot ademde diep in en liet zich langzaam van Aurora's rug glijden. Het water droeg haar, en al snel bewoog ze haar armen en benen. Ze voelde de vertrouwde beweging van het zwemmen en begon te lachen.

"Het lukt!" riep ze uit.

Aurora zwom naast haar en glimlachte trots. "Zie je wel? Je hebt het altijd gekund."

Na hun magische reis bracht Aurora haar terug naar de oever. Liselot klom het water uit en keek naar de regenboogvis. "Dank je wel, Aurora," zei ze oprecht. "Je hebt me niet alleen geleerd om weer te zwemmen, maar ook om weer in mezelf te geloven."

Aurora knikte. "Mijn taak is volbracht. Maar vergeet nooit dat het water jouw vriend is. En als je me ooit weer nodig hebt, weet je waar je me kunt vinden."

Met een laatste glimp van zijn glinsterende schubben dook Aurora onder water en verdween.

Vanaf die dag durfde Liselot weer te zwemmen. Ze bracht elke middag door in het IJsselmeer, lachend en genietend van het koele water. En hoewel ze Aurora nooit meer zag, voelde ze altijd een klein beetje magie om zich heen wanneer ze het water raakte.

Liselot and the Rainbow Fish

On a sunny afternoon, Liselot sat by the edge of the IJsselmeer. Her bare feet dangled above the water as she made small circles in the waves with a stick. She sighed deeply. She used to love swimming, but ever since the accident last year, she hadn't dared to swim again. She couldn't forget the frightening moments when she went too deep and almost didn't make it back up. Since then, she preferred staying on dry land, even on warm summer days.

She gazed at the horizon, where the sky was a soft shade of blue. Suddenly, she saw something sparkle in the water, a brightly colored flash that caught her attention. "What is that?" she muttered, leaning forward to take a closer look.

From the waves, a fish emerged, but not just any fish. Its scales shimmered in all the colors of the rainbow. It seemed as though it was emitting light. The fish looked at her with big, friendly eyes.

"Hello," said the fish, to Liselot's great surprise.

"H-hello?" she stammered. "Can you talk?"

"Can't you see?" the fish replied with a wink. "My name is Aurora. And who are you?"

"I... I'm Liselot," she said hesitantly. "But how can you talk? And why do you look so special?"

Aurora smiled. "I'm a Rainbow Fish, a magical fish. We only appear to people who need our help. And you seem like someone who could use a little boost."

Liselot looked surprised. "What do you mean?"

"You love the water, but you've become afraid," said Aurora softly. "I'm here to help you overcome that fear."

Aurora swam closer to the shore. "Come," he said, "dip your hand in the water. Feel how it embraces you. The water won't harm you."

Liselot hesitated, but the friendly look in Aurora's eyes gave her courage. Slowly, she lowered her hand, feeling the cool water wash over her fingers. It was soothing, not threatening like she had thought.

"Good," encouraged Aurora. "Now, take a step further. Stand up and let your feet sink into the water."

Liselot swallowed but did as he asked. The waves tickled her toes, and a small smile appeared on her face.

"Are you ready for a real adventure?" Aurora suddenly asked.

"An adventure?" Liselot repeated.

"Yes," said Aurora. "Climb onto my back, and I'll show you the hidden world of the IJsselmeer."

Liselot looked at the rainbow-colored fish and hesitated. But deep inside, she felt a spark of courage. She nodded and stepped carefully into the water. Aurora swam toward her, and she held onto his smooth scales.

With a graceful motion, Aurora dove underwater, and Liselot held her breath. But what she saw took away all her fear. Beneath the surface was a magical world. They swam past colorful water plants, sparkling shells, and schools of fish that swam curiously around them.

Aurora led her to a place where the water was crystal clear, and the sun's rays created dancing patterns on the bottom. "This is your home, Liselot," he said. "The water is part of you, and it will never leave you."

After a while, Aurora stopped at a deep, calm spot. "Now it's your turn," he said. "I want you to let go and swim on your own."

Liselot felt her heart start to race. "I don't know if I can," she said hesitantly.

"You can," said Aurora firmly. "I'm here, and I'll catch you if you need me. Trust yourself."

Liselot took a deep breath and slowly slid off Aurora's back. The water supported her, and soon she was moving her arms and legs. She felt the familiar motion of swimming and began to laugh.

"I'm doing it!" she exclaimed.

Aurora swam beside her, smiling proudly. "See? You've always been able to do it."

After their magical journey, Aurora brought Liselot back to the shore. Liselot climbed out of the water and looked at the rainbow fish. "Thank you, Aurora," she said sincerely. "You didn't just teach me how to swim again, but you also helped me believe in myself again."

Aurora nodded. "My task is complete. But never forget that the water is your friend. And if you ever need me again, you know where to find me."

With one last glimpse of his shimmering scales, Aurora dove underwater and disappeared.

From that day on, Liselot dared to swim again. She spent every afternoon in the IJsselmeer, laughing and enjoying the cool water. And although she never saw Aurora again, she always felt a little magic around her whenever she touched the water.

Het Grote Tulpenavontuur

Bram en Eva woonden in een klein dorpje midden in de Nederlandse polder. Hun huis grensde aan eindeloze velden vol kleurrijke tulpen, die in de lente een prachtig tapijt van rood, geel, oranje en paars vormden. Hun ouders werkten op een tulpenkwekerij, en hoewel Bram en Eva het leuk vonden om tussen de bloemen te spelen, vonden ze het soms ook een beetje saai.

"Er gebeurt hier nooit iets spannends," zuchtte Bram op een ochtend.

"Misschien moeten we gewoon zelf iets spannends gaan zoeken," zei Eva, terwijl ze haar vlechten vastzette.

Die middag besloten ze verder te lopen dan ooit tevoren, naar het veld aan de rand van het dorp waar de tulpen altijd net iets mooier leken te bloeien. "Misschien vinden we daar wel iets bijzonders," stelde Eva voor.

Het veld leek in eerste instantie net als alle andere, maar toen ze dichterbij kwamen, merkten Bram en Eva dat de tulpen hier anders waren. Hun kleuren waren veel feller en hun bladeren leken bijna te glinsteren in het zonlicht.

"Wat is dit voor plek?" vroeg Bram verwonderd.

Eva raakte een van de tulpen aan. "Kijk!" riep ze uit. "Ze bewegen!"

De bloem leek haar aanraking te beantwoorden door zachtjes heen en weer te wiegen, alsof er een onzichtbare bries doorheen ging. Opeens begon de grond onder hun voeten te trillen, en een helder licht omringde hen. Voor ze het wisten, werden Bram en Eva omhoog getild door een zachte, draaiende wind van tulpenblaadjes.

Toen het licht wegtrok, stonden Bram en Eva niet meer in het tulpenveld. Ze bevonden zich in een drukke markt vol mensen in ouderwetse kleding. Er waren kooplieden die handel dreven, vrouwen in lange jurken en mannen met grote hoeden.

"Waar zijn we?" vroeg Eva.

Een vriendelijke koopman hoorde hen praten. "Welkom in Amsterdam," zei hij. "Het is het jaar 1637, de tijd van de tulpengekte!"

Bram keek om zich heen en zag overal tulpenbollen die voor enorme bedragen werden verkocht. "Tulpenbollen zijn hier evenveel waard als een huis!" zei de koopman trots.

"Dat is bizar," fluisterde Eva. "Kun je je voorstellen dat mensen zoveel geld voor bloemen betalen?"

Ze wilden meer ontdekken, maar voordat ze verder konden lopen, werden ze opnieuw omringd door het licht van de magische tulpen.

Toen het licht verdween, stonden Bram en Eva op een open veld, en boven hen hoorden ze het geluid van zware motoren. "Wat is dat?" vroeg Bram, terwijl hij naar de lucht wees.

"Dat zijn vliegtuigen!" riep Eva. "We zijn in de Tweede Wereldoorlog!"

Soldaten liepen door de straten, en mensen stonden in de rij voor voedsel. Een oude vrouw kwam naar hen toe en zei: "Kinderen, jullie moeten voorzichtig zijn. Het is een gevaarlijke tijd."

Ze hielp hen schuilen in een schuur en vertelde verhalen over hoe tulpenbollen werden gegeten als voedsel tijdens de hongerwinter. "Ze hebben ons gered," zei ze met tranen in haar ogen.

"Wat een dappere mensen," fluisterde Eva. Bram knikte stil, onder de indruk van wat hij hoorde.

Nog voordat ze afscheid konden nemen van de oude vrouw, werden ze opnieuw opgetild door de magische tulpen. Deze keer landden ze in een veld dat ze herkenden: het was het moderne tulpenveld naast hun huis.

"Zijn we terug?" vroeg Bram.

Eva knikte. "Ik denk het wel. Maar wat een avontuur was dat!"

Toen ze naar huis liepen, praatten ze over alles wat ze hadden gezien en geleerd. Ze hadden niet alleen spannende tijden beleefd, maar ook ontdekt hoe belangrijk tulpen waren geweest in de geschiedenis van Nederland.

"Misschien is het hier toch niet zo saai als we dachten," zei Bram met een glimlach.

"Zeker niet," antwoordde Eva. "En wie weet, misschien brengt het tulpenveld ons ooit weer op avontuur."

The Great Tulip Adventure

Bram and Eva lived in a small village in the heart of the Dutch polders. Their house bordered endless fields full of colorful tulips, which in the spring formed a beautiful carpet of red, yellow, orange, and purple. Their parents worked at a tulip nursery, and although Bram and Eva enjoyed playing among the flowers, they sometimes found it a little boring.

"Nothing exciting ever happens here," sighed Bram one morning. "Maybe we should go find something exciting ourselves," said Eva, tying up her braids.

That afternoon, they decided to walk farther than ever before, to the field at the edge of the village where the tulips always seemed to bloom just a little more beautifully. "Maybe we'll find something special there," suggested Eva.

At first, the field looked like all the others, but as they got closer, Bram and Eva noticed that the tulips here were different. Their colors were much brighter, and their leaves seemed to shimmer in the sunlight.

"What kind of place is this?" asked Bram in wonder.

Eva touched one of the tulips. "Look!" she exclaimed. "They're moving!"

The flower seemed to respond to her touch by gently swaying back and forth, as though an invisible breeze was passing through it. Suddenly, the ground beneath their feet began to tremble, and a bright light surrounded them. Before they knew it, Bram and Eva were lifted up by a soft, swirling wind of tulip petals.

When the light faded, Bram and Eva were no longer in the tulip field. They found themselves in a busy market full of people in old-fashioned clothes. There were merchants trading goods, women in long dresses, and men with large hats.

"Where are we?" asked Eva.

A friendly merchant overheard them. "Welcome to Amsterdam," he said. "It's the year 1637, the time of the tulip mania!"

Bram looked around and saw tulip bulbs being sold for enormous sums of money. "Tulip bulbs are worth as much as a house here!" the merchant said proudly.

"That's crazy," whispered Eva. "Can you imagine paying so much money for flowers?"

They wanted to explore further, but before they could take another step, they were once again surrounded by the light of the magical tulips.

When the light faded again, Bram and Eva were standing in an open field, and overhead they heard the sound of heavy engines. "What's that?" asked Bram, pointing to the sky.

"Those are airplanes!" shouted Eva. "We're in World War II!"

Soldiers marched through the streets, and people were lined up for food. An old woman approached them and said, "Children, you must be careful. It's a dangerous time."

She helped them hide in a barn and told them stories about how tulip bulbs were eaten as food during the hunger winter. "They saved us," she said, with tears in her eyes.

"What brave people," whispered Eva. Bram nodded quietly, moved by what he had heard.

Before they could say goodbye to the old woman, they were once again lifted by the magical tulips. This time, they landed in a field they recognized: it was the modern tulip field next to their house.

"Are we back?" asked Bram.

Eva nodded. "I think so. But what an adventure that was!"

As they walked home, they talked about everything they had seen and learned. Not only had they experienced exciting times, but they had also discovered how important tulips had been in the history of the Netherlands.

"Maybe it's not as boring here as we thought," said Bram with a smile.

"Definitely not," replied Eva. "And who knows, maybe the tulip field will take us on another adventure someday."

De Geheimzinnige Vuurtoren

Sofie en haar neef Daan waren dol op avontuur. Toen hun ouders besloten de zomer door te brengen in een klein dorpje aan de Noordzee, waren ze enthousiast. Het dorp lag vlakbij een oude, verlaten vuurtoren die al jaren niet meer in gebruik was. De vuurtoren stond trots op een klif en keek uit over de woeste zee.

"Elke avond als ik naar die toren kijk, krijg ik rillingen," zei Daan op een dag terwijl hij zijn zakmes inspecteerde. "Het lijkt wel alsof er iemand naar ons terugkijkt."

"Dat is onzin," zei Sofie, al voelde ze diep vanbinnen dat de toren inderdaad iets mysterieus had.

Op een stormachtige avond, toen de wind rond het huis gierde en de regen tegen de ramen sloeg, gebeurde er iets vreemds. Sofie keek uit het raam en zag een flikkerend licht aan de top van de vuurtoren.

"Daan! Kom snel kijken!" riep ze.

Daan rende naar het raam. "Maar... die vuurtoren is al jaren buiten gebruik. Hoe kan dat licht branden?"

De nieuwsgierigheid overwon hun angst. Met zaklampen en een warme jas glipten ze naar buiten, ondanks het protest van hun ouders. Het pad naar de vuurtoren was glibberig en vol plassen, maar ze kwamen er veilig aan.

"Het is nu of nooit," fluisterde Daan terwijl hij de oude deur open duwde. Het krakende geluid vulde de ruimte, en ze stapten voorzichtig naar binnen.

De vuurtoren was donker en vochtig. De stenen muren waren bedekt met mos en spinnenwebben. Sofie scheen met haar zaklamp rond en zag een wenteltrap die omhoog leidde. "Zullen we kijken?" vroeg ze.

"Wacht!" zei Daan. Hij wees naar een deur die half openstond. "Laten we eerst daarheen gaan."

Achter de deur vonden ze een kleine kamer. Aan de muren hingen oude nautische kaarten, en op een tafel lag een logboek, bedekt met stof. Daan opende het voorzichtig. De pagina's waren volgeschreven met notities over een schip genaamd *De Zilveren Zeemeeuw*. Het logboek sprak over een storm en een schat die verloren was gegaan op de bodem van de zee.

"Denk je dat het echt is?" vroeg Sofie.

"Er is maar één manier om erachter te komen," zei Daan.

Plotseling hoorden ze een zachte stem. "Jullie hebben mijn logboek gevonden."

Sofie en Daan draaiden zich om en zagen een oude man in een lange jas. Zijn ogen straalden een vreemd licht uit, en hij leek te zweven boven de grond. "Wie bent u?" vroeg Sofie met een trillende stem.

"Ik ben de oude vuurtorenwachter," zei de man. "Mijn taak was om schepen te beschermen, maar op een stormachtige nacht ging het mis. Een schip zonk, en ik heb nooit rust gevonden omdat ik mijn werk niet heb afgemaakt. Willen jullie mij helpen de waarheid te onthullen?"

Daan en Sofie knikten, nog steeds een beetje bang, maar vastbesloten om het mysterie op te lossen.

Met de aanwijzingen uit het logboek en de kaarten begonnen Sofie en Daan aan hun zoektocht. Ze volgden een pad naar een verborgen grot aan de voet van de klif, waar de zee wild tegen de rotsen beukte.

"Hier moet het zijn," zei Sofie, terwijl ze de kaart bestudeerde. Ze vonden een oude kist bedekt met zeewier. Samen openden ze het. Binnenin lagen gouden munten, juwelen en een brief.

De brief was van de kapitein van *De Zilveren Zeemeeuw*. Hij schreef dat de schat bedoeld was om het dorp te helpen, maar de storm had alles verpest. "Misschien kunnen wij nu doen wat zij niet konden," zei Daan.

Met hulp van de dorpsbewoners brachten Sofie en Daan de schat naar het dorp. Ze gebruikten het goud om de vuurtoren te herstellen en in gebruik te nemen als museum. De oude vuurtorenwachter verscheen voor de laatste keer om hen te bedanken. "Nu kan ik eindelijk rusten," zei hij glimlachend, voordat hij in het niets verdween.

The Mysterious Lighthouse

S ofie and her cousin Daan loved adventure. When their parents decided to spend the summer in a small village by the North Sea, they were thrilled. The village was near an old, abandoned lighthouse that had been out of use for years. The lighthouse stood proudly on a cliff, overlooking the wild sea.

"Every evening when I look at that tower, I get chills," Daan said one day, inspecting his pocketknife. "It's like someone's looking back at us."

"That's nonsense," Sofie replied, though deep down, she felt the tower did have something mysterious about it.

On a stormy evening, as the wind howled around the house and rain lashed against the windows, something strange happened. Sofie looked out the window and saw a flickering light at the top of the lighthouse.

"Daan! Come quickly!" she called.

Daan ran to the window. "But... that lighthouse has been out of use for years. How is that light shining?"

Curiosity overcame their fear. Grabbing flashlights and warm coats, they slipped outside despite their parents' protests. The path to the lighthouse was slippery and full of puddles, but they made it there safely.

"It's now or never," Daan whispered as he pushed open the old door. The creaking sound echoed through the space, and they stepped cautiously inside.

The lighthouse was dark and damp. The stone walls were covered in moss and cobwebs. Sofie shone her flashlight around and saw a spiral staircase leading upwards. "Shall we go up?" she asked.

"Wait!" Daan said. He pointed to a door that was ajar. "Let's check there first."

Behind the door, they found a small room. The walls were lined with old nautical charts, and a logbook lay on a dusty table. Daan carefully opened it. The pages were filled with notes about a ship called *The Silver Seagull*. The logbook described a storm and a treasure lost to the bottom of the sea.

"Do you think it's real?" Sofie asked.

"There's only one way to find out," Daan replied.

Suddenly, they heard a soft voice. "You've found my logbook."

Sofie and Daan turned to see an old man in a long coat. His eyes glowed with a strange light, and he seemed to float above the ground. "Who are you?" Sofie asked with a trembling voice.

"I am the old lighthouse keeper," the man said. "My duty was to protect ships, but one stormy night, I failed. A ship sank, and I've never found peace because I couldn't finish my job. Will you help me uncover the truth?"

Still a little scared but determined to solve the mystery, Daan and Sofie nodded.

Using the clues from the logbook and charts, Sofie and Daan began their search. They followed a path to a hidden cave at the base of the cliff, where the sea crashed wildly against the rocks.

"This must be it," Sofie said, studying the map. They found an old chest covered in seaweed. Together, they opened it. Inside were gold coins, jewels, and a letter.

The letter was from the captain of *The Silver Seagull*. It explained that the treasure was meant to help the village, but the storm had ruined everything. "Maybe we can do what they couldn't," Daan said.

With the villagers' help, Sofie and Daan brought the treasure back to the village. They used the gold to restore the lighthouse and turn it into a museum. The old lighthouse keeper appeared one last time to thank them. "Now I can finally rest," he said with a smile before vanishing into thin air.